Blockchain – Mehr als nur Bitcoins

Wie die revolutionäre Technologie unser Leben nachhaltig verändern wird

W0372123

Stefan Neuendorf

Copyright © 2017 Stefan Neuendorf

Alle Rechte vorbehalten.

ISBN: 1973823284
ISBN-13: 978-1973823285

INHALTSÜBERSICHT

VORWORT

Bitcoins, Ethereum, Kryptowährungen, digitale Zahlungsmittel – solche Begriffe sind neuerdings überall in Zeitungen, Magazinen und Blog-Beiträgen im Internet zu finden. Ein riesiges Trendthema, das sich gerade noch entwickelt und dessen Ausmaß heute vermutlich noch nicht abzusehen ist.

Ich möchte in diesem Buch die Chance nutzen Ihnen das Thema ein wenig näher zu bringen. Dabei geht es weniger darum, jedes einzelne technische Detail zu erläutern, sondern vielmehr darum, Ihnen einen Überblick über die Blockchain zu geben, damit Sie in Zukunft mitreden und sich ggf. weiter in das Thema einlesen können. Die sogenannte Blockchain-Technologie, auf der unter anderem die Kryptowährungen basieren, besitzt das unglaublich große Potential viele Dinge vereinfachen zu können. Es könnte sogar passieren, dass damit unser gesamter Finanzsektor einmal kräftig durchgeschüttelt und revolutioniert wird. Natürlich stelle ich Ihnen auch kurz die derzeit wichtigsten Kryptowährungen vor, sodass Sie mitreden können und verstehen, wenn davon wieder einmal in der Presse die Rede ist.

Wo etwas Neues und Unbekanntes entsteht, sind auch Risiken, Trittbrettfahrer und Betrüger nicht weit. Selbstverständlich erkläre ich Ihnen auch, auf welche Dinge Sie bei Investitionen achten müssen und wo Sie Ihre Finger besser raushalten sollten. So schützen Sie Ihr Geld und Ihr Vermögen vor situationsbedingten Gaunern, die die technologische Innovation der Blockchain allein zu ihrem Vorteil ausnutzen wollen.

Ob heute der richtige Moment ist „auf den Zug aufzuspringen“ kann ich Ihnen nicht beantworten. Versprechen kann ich Ihnen aber, dass die Blockchain-Technologie unseren Alltag in den kommenden Jahren zunehmend positiv beeinflussen wird. Insofern ist es durchaus an der Zeit die Chance zu nutzen sich mit dem Thema intensiv zu beschäftigen und die grundlegenden Eigenschaften und Funktionen zu verstehen.

Ich wünsche Ihnen viel Spaß mit diesem Buch und hoffe, Ihnen das Puzzle-Stück Wissen vermitteln zu können, das zu Ihrem Gesamtverständnis der Technologie beiträgt.

KAPITEL 1: WAS IST DIE BLOCKCHAIN-TECHNOLOGIE?

Um hier die richtige Antwort geben zu können, bedarf es ein wenig mehr Vorwissen, das wir an der Stelle zusammenstellen müssen. Vor allem ist besonders wichtig, das heutige Finanz-System und seine Funktionsweise zu kennen.

Nehmen Sie Ihr Portemonnaie zur Hand und ziehen Sie einen beliebigen Schein oder eine Münze heraus. Betrachten Sie diese und beantworten Sie sich die Frage, was das Geld wert sein mag? Sind das Papier und die Farbe eines 10-Euro-Scheines insgesamt 10 Euro wert? Anders herum gedacht: Gehen der Welt wirklich 10 Euro an Wert verloren, wenn Sie diesen Schein anzünden und verbrennen würden?

„Nein“ ist die dazu richtige Antwort. Der Wert des Materials, aus dem der 10-Euro-Schein gemacht wurde, ist vermutlich nur wenige Cent wert. Von den Geldscheinen gibt es auch recht viele, so dass man hier nicht von einem Unikat sprechen kann. Vielmehr gibt es diesen in tausend- oder millionenfacher Ausführung, was seinen rein materiellen Wert nicht steigert. Aber warum bekommen Sie oder ich Waren oder Dienstleistungen im Wert von 10 Euro, wenn wir mit diesem mehr oder weniger wertlosen Papier zu einem Kaufmann gehen?

Der Grund ist vergleichsweise einfach: Vertrauen! Sie und ich vertrauen darauf, dass sich irgendwo irgendjemand darum kümmert, dass der 10-Euro-Schein auch wirklich 10 Euro wert ist und wir in der Lage sind ihn für den entsprechenden Gegenwert einzutauschen. Wissen Sie auch wer das macht und wem wir so viel Vertrauen schenken?

Unser Finanzsystem heute

Es ist äußerst komplex das Finanzsystem in Europa zu erklären, aber ein grober Abriss sollte an der Stelle vollkommen ausreichen. Sie und ich haben unser privates Konto bei einer Bank. Es ist dabei vollkommen unabhängig, ob es eine deutsche Bank ist oder eine innereuropäische Bank aus einem Nachbarland wie beispielsweise den Niederlanden oder einem Land wie Schottland. Bank ist Bank. Diese Bank hat wirtschaftliche Interessen und versucht auf irgendeine Art und Weise Geld zu verdienen. Das kann Sie sehr, sehr grob beschrieben auf zwei Arten machen: Sie verleiht Geld und erhält von Ihnen Zinsen oder sie legt ihr Geld an und streicht aus dem Gewinn etwas ein.

Tragen Sie Erspartes zur Bank, wird diese das Geld an den internationalen Märkten anlegen. Was genau sie dort tut ist hierfür irrelevant. Wichtig ist, dass sie Geld hat und dieses anlegt. Sie erhalten auf Ihrem Tagesgeldkonto circa 1% Zinsen p.a. derzeit. Die Aufgabe der Bank muss es nun sein, das von Ihnen eingezahlte Geld an den Märkten so anzulegen, dass sie dafür mehr als diesen 1% an Zinsen erhält. Nehmen wir an, es gelingt ihr kurzfristig das Geld für 1,5% anzulegen. Es entsteht ein Buchgewinn von 0,5%, den die Bank einstreicht.

Auf der anderen Seite leiht sich die Bank Geld, wenn Sie Ihrem Bankberater sagen, dass Sie einen Kredit brauchen. Je weniger Substanz die Kreditverwendung hat, und damit sind wir wieder beim Thema „Vertrauen“, desto höher ist der Zinssatz den Sie zahlen müssen. Verwenden Sie das Geld für einen Hauskauf, steht dem Geld ein erworbener Wert gegenüber und die Bank hat eine Sicherheit. Fallen Sie als Kreditnehmer aus, gehört der Bank das Haus und sie kann Ihr Geld darüber wieder reinholen. Verwenden Sie das Geld aber beispielsweise für eine Urlaubsreise, werden die Zinsen höher sein, da es für die Bank keinen Gegenwert gibt. Fällt der Kredit aus und Sie haben den Urlaub schon gemacht, schaut der Bankberater bei der Eintreibung seiner Außenstände ziemlich ins Leere, da er keinen Wert findet, den er zu Geld machen kann.

Nationale Banken leihen sich ihr Geld bei der Zentralbank

Und hier wird es dann langsam komplex und für den ein oder anderen unübersichtlich. Ihre Hausbank leiht sich benötigtes Geld von der nationalen Zentralbank. Alle nationalen Zentralbanken wiederrum leihen sich ihr Geld bei der europäischen Zentralbank, die wiederrum als Einzige im ganzen Kreislauf berechtigt ist, Geld zu drucken.

Was passiert beim Geld drucken? Es entsteht ein Werteverfall. Der Versuch es plakativ zu erklären, wäre der Ansatz zu sagen, dass die europäische Wirtschaft eine Million Euro wert ist. Entsprechend müsste der Wert in Geldscheinen und Münzen im Kreislauf unterwegs sein. Entscheidet nun die Europäische Zentralbank (EZB), dass sie aus welchen Gründen auch immer mehr Geld braucht, werden zusätzliche Geldscheine gedruckt. Das ändert am Wert der Wirtschaft nichts. Dennoch vertrauen Sie und ich darauf, dass die Wirtschaft diesen Wert herstellen kann. Mit Hilfe dieses Jonglierens von Geldmengen beeinflusst die EZB die Inflationsrate in ihrem Einzugsbereich.

Möchten Sie nun einen Kredit haben, geht Ihre Hausbank zur deutschen Zentralbank und die wiederrum zur EZB und verlangt die Menge Geld für den Marktzinssatz. Dieser wird übrigens von der EZB festgelegt und ist Anreiz für Investitionen oder wenn er zu hoch liegt natürlich auch nicht. Aktuell liegt er aber sehr niedrig. Ihre Hausbank leiht sich also Geld bei der Zentralbank für beispielsweise 0,5% Zinsen und verleiht Ihnen das Geld für 3% Zinsen. Die Differenz davon steckt die Bank sich als Risikoprämie ein, von der sie ihre Mitarbeiter, ihre Automaten und ihre Filialen bezahlen muss. Außerdem muss sie mit diesem Betrag einspringen, wenn mal ein Gläubiger seinen Kredit nicht mehr bezahlen kann.

Unser Finanzsystem wird zentral gesteuert und beruht auf Vertrauen

Ich musste ein wenig ausholen und sicherlich den Bezug zur Blockchain und den Kryptowährungen verlieren, aber nun wissen Sie sehr grob, dass unser Finanzsystem auf Vertrauen basiert. Wir vertrauen darauf, dass der Wert unseres 10-Euro-Scheins irgendwo bei der Zentralbank als Wert hinterlegt ist. Und außerdem vertrauen wir darauf, dass bei der EZB die richtigen Leute sitzen und das Geldmanagement zu unserem Vorteil auslegen und das Richtige tun.

Man spricht in so einem Fall von einer zentralen Steuerung. Kein Wunder also, dass die Bank auch Zentralbank heißt. Was aber bedeutet das für die Bank? Nun, Fehler sollte sie tunlichst vermeiden und vor allem sollte sie zu jeder Zeit sicherstellen, dass der Gegenwert der Währung in irgendeiner Art und Weise vorliegt. Es ist ein wenig wie bei Ihrem fiktiven Kredit. Hier wird auch geprüft welches Vermögen Sie haben und was monatlich als Einkommen auf Ihr Bankkonto sprudelt. Je höher diese Beträge sind (gemessen am Durchschnitt), desto höher wird die bewilligte Kreditsumme ausfallen. Also heißt das im Gegenzug: je besser die Zentralbank das Geld managt und je glaubhafter sie nachweisen kann, dass der Wert des Geldes vorliegt, desto stabiler kann sie die Geldmenge und damit den Wert der Währung (in dem Fall der Euro) halten.

Dieser Umstand und die angesprochene Aufgabe machen die Zentralbank zum Ziel vieler Interessen. Nehmen wir an dieser Stelle einmal Abstand von politisch motivierten Anfragen und versteifen uns auf kriminelle Absichten, so muss die EZB mehrere Fakten und Eigenschaften sicherstellen. Einerseits muss sie den Wert der Währung wahren. Hypothetisch dargestellt liegt im Keller der EZB der Wert der Währung und damit der europäischen Wirtschaft in Goldbarren. Kommt nun ein Dieb und nimmt sich davon etwas mit und der Diebstahl wird publik, liegt der Währung entsprechend weniger Wert zu Grunde. Folglich wird der Markt reagieren und die Währung verfällt um den gestohlenen Betrag. Auch wenn es sehr plastisch dargestellt ist, ist es doch eine der wichtigsten Aufgaben der EZB den Wert der Währung abzusichern und für das entsprechende Vertrauen zu sorgen, beziehungsweise dieses zu gewinnen.

Andererseits braucht die EZB eine sehr große Datenmenge aller Zahlungsströme. Wenn Sie als Unternehmen Geld ins europäische Ausland überweisen oder einfach nur mit ein paar Euro auf Urlaubsreisen gehen, muss die EZB überspitzt formuliert davon wissen. Reisen Sie mit Ihren schwarzen Köfferchen mit mehreren Milliarden Euro Inhalt, so beeinflusst das die Geldmenge in der EU. Also braucht die EZB eine Aufstellung aller Zahlungsströme, um die Geldmenge richtig planen zu können und darauf basierend die richtigen finanzpolitischen Instrumente zu ergreifen. Und diese riesige Datenbank der Zahlungsströme muss von der EZB besser gesichert werden als Fort Knox. Würden diese Daten jemandem in die Hände fallen der sie verwerten kann, dann weiß er über alle Zahlungen in der EU Bescheid. Ich persönlich fände das nicht schön, wenn eine fremde Person all meine Zahlungsabwicklungen verfolgen kann. Sie vielleicht? Dabei geht es nicht darum, dass ich Aktivitäten verheimlichen oder verschleiern möchte, sondern vielmehr um die Tatsache, dass ich nicht gläsern sein möchte. Mein Nachbar kann mich fragen, was ich verdiene und wie hoch meine Miete ist. Mir bleibt dann überlassen, ob ich ihm antworte oder nicht.

Die zwei größten Herausforderungen der EZB sind es also Vertrauen zu schaffen und für die notwendige Sicherheit zu sorgen. Was meinen Sie was passiert, wenn die EZB an die Presse geht und sagt: „Liebe Bürger, es tut uns leid aber unsere Goldvorräte sind heute Nacht geraubt worden. Und außerdem, auch sorry dafür, haben Hacker die Datenbank geknackt und alle Zahlungsdaten von Ihnen geklaut". Vermutlich würde es erdrutschartige Verluste der Währung geben, da das Vertrauen nachhaltig belastet oder zerstört ist. Diese Verantwortung macht die EZB zu einem interessanten Ziel für Angriffe. Dagegen wehrt sich die EZB natürlich mit entsprechenden Sicherheitsvorrichtungen und versucht die Daten so gut wie möglich zu schützen.

Neben physischen Barrieren wie verschlossenen Türen, Tresoren und solchen Dingen geht es hierbei aber auch um die Sicherheit der Serverdaten. Unser Bankensystem kommuniziert vor allem über Datenleitungen, die entsprechend gegen den Zugriff von Unbefugten geschützt sein müssen. Da die EZB auch keinen Keller mehr voller Gold hat, sondern der Wert unserer Währungen über Datenleitungen ausgetauscht wird, gilt hier eine besondere Vorsicht und folglich ein großer Fokus auf die Sicherheit dieser Daten beziehungsweise der Datenverbindungen.

Was mit der Blockchain-Technologie anders ist

Die Blockchain ist eine revolutionäre IT-Struktur, die die Speicherung von Daten ermöglicht. Es handelt sich dabei um eine Datenbank, die ständig um die neusten Einträge erweitert und an unterschiedlichen Orten gespeichert wird. Aus Sicherheitsgründen werden die Daten ohne persönliche Informationen gespeichert, sondern lediglich über eine Identifikationsnummer. Diese lässt für alle anderen aber keinen Rückschluss auf das Individuum zu, sondern ist lediglich eine verschlüsselte ID.

Man kann sich die Funktionsweise der Blockchain ein wenig wie ein Haufen Blöcke mit karierten Seiten vorstellen. In einem bestimmten Format werden die Zahlungsströme dort erfasst und abgelegt. Während bei der EZB in den Büchern konkret drinsteht, dass Max Mustermann mit dem Konto 12345xyz eine Summe von 100 Euro an Eva Musterfrau mit dem Konto 0987abc überwiesen hat, wird diese in einem Blockchain-Block verschlüsselt. Dort bekommt Max eine einmalige ID ebenso wie Eva. Diese kann nirgends eingesehen werden und schützt somit die Privatsphäre der Beteiligten. Als Datensatz wird also nur noch festgehalten, dass die ID von Max 100 Euro an die ID von Eva geschickt hat. Da aber niemand weiß, wer hinter der ID steht, stehen dort einfach nur Zahlenfolgen mit einem Betrag.

Jeder Geldtransfer verursacht nun einen entsprechenden Datensatz, der in den Kästchen auf dem Block aufgeschrieben wird. Nach und nach füllt sich der Block und ganz am Ende wird auf dem nächsten Block weitergeschrieben. Damit diese miteinander in Verbindung gebracht werden und in der richtigen Reihenfolge als Datenbank ausgelesen werden können, endet der erste Block mit einem bestimmten Schlüsselcode. Mit diesem geht es auch auf dem zweiten Block weiter, so dass man die richtige Reihenfolge über diesen Code erkennen kann.

Die Blöcke mit den Daten sind für jemanden, dem sie in die Hände fallen wertlos. Er sieht lediglich Bewegungsdaten von Geld, ohne einen Bezug auf Personen bekommen zu können. Folglich werden die Daten aus einer Blockchain öffentlich abgelegt und sind für jeden einsehbar. Um hier von der zentralen Struktur wegzukommen und damit das Problem der zentralen Datenverwaltung zu lösen, werden die Blöcke an unterschiedlichen Orten abgelegt.

Dazu müssen wir allerdings doch eine kleine Runde ausholen. Die Blockchain besteht ausnahmslos aus Daten. Es gibt keine Vorratshaltung, kein Papier, kein Garnichts. Einfach nur jede Menge Daten, welche in Datenbanken verwaltet werden. Folglich sind relativ große digitale Kapazitäten notwendig. Dass die zentrale Struktur an der Stelle ein Problem darstellt, wissen wir seit der zentralen Datenverwaltung der EZB. Also werden die Kapazitäten nicht von einem Anbieter zur Verfügung gestellt, sondern von vielen unterschiedlichen Quellen. Hätten Sie beispielsweise die notwendigen Geräte dazu, könnten Sie diese via Internet einer Blockchain zur Verfügung stellen. Auf diesen Kapazitäten werden dann entsprechende Daten abgelegt und jeder kann darauf zugreifen.

Auch die Verschlüsselung der Daten ist sehr kapazitätsintensiv. Das hat natürlich den Vorteil, dass eine Decodierung der Daten unglaubliche Kapazitäten erfordert, die jeden Angriff sinnlos machen. Aber auch für diese Verschlüsselungs-Aktivitäten wird Rechenleistung benötigt. Hier bedient sich die Blockchain gleichermaßen wieder an den zur Verfügung gestellten Kapazitäten. Auf Ihren Kapazitäten könnten also sowohl Daten abgelegt, als auch Rechenprozesse durchgeführt werden.

Zusammenfassend ist festzuhalten, dass die Blockchain mit einer sehr energieintensiven Verschlüsselung arbeitet und die Daten codiert in Datenbanken schreibt. Diese werden dann an unterschiedlichen Orten abgelegt, wobei hier auf Kapazitäten zurückgegriffen wird, die der Blockchain zur Verfügung gestellt werden. Die Organisation und der Ablauf sind folglich dezentral und es gibt niemanden als einzelne Person oder Organisation, der auf die Daten aufpassen muss. Damit werden zwei sehr elementare Probleme der EZB gelöst. Die Verschlüsselung der Daten und die Unmöglichkeit diese zu hacken. Gleichermaßen sorgt die dezentrale Ablage der Daten dafür, dass es keine Zentrale mehr gibt, die angreifbar ist.

Woher stammt die Blockchain-Technologie?

Während das beschriebene System der Bankenstruktur zentral ist, da die Steuerung durch eine oder wenige Organisationen geschieht, war es die grundlegende Idee der Blockchain die Datenstruktur dezentral zu organisieren. Bereits 1991 gab es erste Gedanken und Entwicklungen dazu, die jedoch erst 2008 von Satoshi Nakamoto in einem White Paper „Bitcoin: a Peer to Peer eletronic cash system“ (Quelle: bitcoin.org) konkret veröffentlicht wurden. In dieser Anwendungsbeschreibung war erstmals die digitale Währung Bitcoin beschrieben, die mit Hilfe einer öffentlichen Blockchain organisiert werden sollte. Die Organisation wurde dabei dezentral angelegt und verlangte damit kein Vertrauen in ein zentral gesteuertes Organ.

Als Erfinder der Blockchain gilt Nakamoto, der allerdings nur unter diesem Pseudonym aufgetreten ist. Wer sich dahinter wirklich verbirgt, ist bis heute unklar. Unklar sind jedoch nicht der Inhalt und die Technologie, die speziell in der heutigen Zeit sehr viel Aufmerksamkeit der Öffentlichkeit bekommt.

KAPITEL 2: WAS MACHT DIE TECHNOLOGIE SO REVOLUTIONÄR?

Es ist vor allem die angewendete Technik beziehungsweise Programmierung, die die Blockchain so neuartig erscheinen lässt. Unsere heutige Organisation und Aufteilung sieht eine zentrale Verwaltung der Geldmenge durch eine Zentralbank vor. Und je Land gibt es eine Zentralbank, die sich im Zweifel in größeren Gremien nochmals zusätzlich abstimmen. Diese Zentralität durch eine dezentrale Datenstruktur abzulösen bedeutet einen riesigen Kostenvorteil bei gleichzeitig deutlich mehr Neutralität. Es ist nicht mehr ein Ziel, dass anvisiert wird, sondern es sind hunderte, tausende oder gar noch mehr, die das ganze Konstrukt weitaus sicherer machen.

Die Sicherheitsschleifen und Verifizierungsmethoden der Blockchain sind absolut nachvollziehbar und logisch programmiert, so dass eine Fälschung oder ein Angriff ausgeschlossen ist. Für die Verifizierung eines Blocks wird ein systemischer Gültigkeitsstempel benötigt. Hierzu gibt es verschiedene Verfahren, mit denen gearbeitet werden kann.

Beim „Proof-of-Work“-Ansatz wird die Bestätigung eines Arbeitsergebnisses durch die Lösung einer zufälligen Aufgabe verzögert. Beispielsweise muss der Nutzer in eine vorgeblendete Zahlenreihe die fehlenden Werte manuell eintragen, um die Arbeit zu verifizieren. Mit Hilfe dieser Hashcash wird eine Rechenleistung gefordert sowie die Bearbeitung entsprechend verzögert. Diese Methode gilt als sehr sicher und wird unter anderem bei der Kryptowährung Bitcoin angewendet. Hier zu einer gegebenen Zahlenreihe sogenannte m-Bits Nullen berechnet werden, die der Zahlenreihe vorangestellt werden. Je nach Komplexität der

Berechnung wird dabei die Zeitdauer für die Lösung der Rechenaufgabe beeinflusst (Quelle: Proof of work - Wikipedia.org).

Der „Proof-of-Stake"-Ansatz wird die Bestätigung des Teilnehmers anerkennen, der wertmäßig den größten Anteil einer Kryptowährung hält. In der Praxis hat sich dieser Ansatz bis dato nicht maßgeblich durchgesetzt, da er diverse Schwächen aufweist. Das ist auch der Grund weshalb es zu dieser Idee diverse Weiterentwicklungen und Kombinationen mit anderen „Proof-of"-Konzepten gibt.

Die Blockchain ist besonders durch die Kryptowährung Bitcoin bekannt, da sie hier ihren Ursprung und ihre Bekanntheit herhat. Dennoch ist ihre Anwendung nicht nur auf Kryptowährungen beschränkt, sondern kann generell für jede Art von Daten verwendet werden. Durch den hohen Grad der Verschlüsselung sowie der Einmaligkeit ist es ebenso möglich beispielsweise Eigentumsverhältnisse wie den Grundbesitz über diesen Weg zu organisieren und zu steuern. Gleichermaßen könnten auch alle sensiblen Daten wie Gesundheitsdaten unpersonalisiert beziehungsweise verschlüsselt übermittelt werden.

Speziell für Unternehmen und Organisationen mit einem hohen Datenaufkommen bietet die Blockchain eine sehr willkommene technische Entwicklung. Die hohe Sicherheit und damit auch die zu geringe Gefahr der Datenmanipulation machen die Blockchain als technische Möglichkeit für Unternehmen, Organisationen und Staaten überaus interessant.

KAPITEL 3: DIE BLOCKCHAIN – EINE SWOT-ANALYSE

Chancen und Möglichkeiten, die sich aus der Technologie ergeben

Die Blockchain-Technologie bietet nach dem heutigen Wissensstand ein großes Potential, die Datenmengen und Datenstruktur in der Zukunft zu revolutionieren. Die Daten, die heute technisch sehr aufwendig und kostenintensiv von einer einzelnen Organisation gespeichert und geschützt werden, könnten auf die Art und Weise zu deutlich geringeren Kosten abgelegt werden. Zudem sind die Daten öffentlich einsehbar und durch die dezentrale Struktur gibt es keinen einzelnen Punkt mehr, der besonders geschützt werden muss. Vielmehr gewährleistet der Schutz und die Verschlüsselung der gesamten Blockchain, dass eine Manipulation oder ein Datendiebstahl beinahe ausgeschlossen sind.

Bereits heute wird die Technologie der Blockchain für finanzielle Abwicklungen eingesetzt. Auch erwähnte ich bereits die Möglichkeit Gesundheitsdaten oder Eigentumsverhältnisse darüber steuern und ablegen zu können. Allerdings ist zu erwarten, dass sich die Technologie mit zunehmender Popularität auch entsprechend weiterentwickelt. Ob damit dann eines Tages alle Daten die beim Menschen und seiner Unternehmung anfallen gespeichert werden können, wäre eine spekulative Aussage. Vermutlich wird es aber möglich sein weit über die Grenzen des Finanzsektors hinaus die Datenmengen in einer Blockchain oder einem technisch weiterentwickelten Konstrukt abzulegen. Was genau das bedeutet und welche

Ausmaße dies annehmen wird, werden die kommenden Monate und Jahre zeigen.

Schon heute bieten die digitalen Währungen ihren Nutzern einen unbeschränkten Marktzutritt und damit die Möglichkeit des Kapitalverkehrs. Besonders in den Ländern dieser Welt, in denen diese Umstände nicht jedem Bürger gewährt werden, bieten die digitalen Währungen Chancen am Welthandel teilzunehmen und sich abseits staatlicher Regulierungen zu bewegen.

Grundsätzlich bleibt festzuhalten, dass die Technik der Blockchain sich in den kommenden Zeitperioden durchsetzen und ihren Platz am Markt finden wird. Wie groß oder wie gering die revolutionären Auswirkungen dabei werden, ist heute schwer zu beurteilen. Das Umschwenken einer zentral gesteuerten Datenverwaltung, wie es sie heute im Finanzsektor mit Banken gibt, zu einer dezentralen Datenstruktur dürfte aber als überaus wegweisend in die Geschichtsbücher der Datentechnologie eingehen. Betrachten Staaten und Unternehmen diese Entwicklung, ergeben sich hier riesige Vorteile vor allem bei Kostenstrukturen sowie der Datensicherheit. Für den Privathaushalt und auch jeden Einzelnen von uns bedeutet die Technologie gleichermaßen eine Weiterentwicklung. Jeder neue Trend beinhaltet jedoch auch immer Risiken. Solange das Thema der Blockchain also nicht vollständig in unserer Gesellschaft angekommen ist, sollte es mit der entsprechenden Vorsicht betrachtet und bewertet werden.

Nachteile und Risiken der Blockchain-Technologie

Speziell in den vergangenen sechs Monaten hat das Thema Blockchain ein mediales Interesse auf sich gezogen, was es in dem Umfang bis dato nicht gab. Der Grund hierfür ist die enorme Wertsteigerung der Währung Bitcoin, die derzeit wohl als populärste Währung der Technologie betrachtet werden kann. Ihre Marktkapitalisierung beträgt tagesabhängig rund 40 Milliarden US-Dollar (Stand Juli 2017), was sie mit weitem Vorsprung auf Platz eins der Übersicht stehen lässt (Quelle: coinmarketcap.com). Der Grund für den immensen Wertezuwachs in den vergangenen Monaten ist der Umstand der selbst auferlegten Knappheit des Bitcoins. Die Menge an Einheiten des Zahlungsmittels ist über den Programmiercode entsprechend begrenzt. Nachdem Mitte 2016 erstmals eine Verknappung durchgeführt wurde wird sich dieser Vorgang zu festgelegten Zeitpunkten wiederholen und die Zufuhr an neuen Einheiten begrenzen. Anders als es die Europäische Zentralbank macht mit ihrer Geldpolitik, kann der Bitcoin nicht beliebig „produziert" oder „erschaffen" werden. Im Jahre 2140 wird die Produktion der Bitcoins vollständig zum Erliegen kommen, was die Währung zumindest theoretisch vor einem inflationären Wertverlust weitestgehend schützt.

Dieser Hype um das Thema der Blockchain und vor allem um die Währung Bitcoin und Ethereum als Anwendungsbeispiele der Technologie haben auch diverse negative Begleiterscheinungen. Die Verknappung der Währungs-Einheiten ruft viele selbsternannte Experten auf den Plan, die hier versuchen wirtschaftlich zu argumentieren, dass schon der Umstand der Verknappung zu einem Wert-Anstieg führen wird. Daneben gibt es viele Nachahmer-Währungen, die jedoch nichts Anderes als Betrug sind. Beste Beispiel hierfür ist die Währung

Onecoin, deren Geschäftsaktivitäten im ersten Halbjahr 2017 durch die Staatsanwaltschaft Bielefeld unterbunden wurden (Quelle: Handelsblatt GmbH). In diesen sogenannten Schneeballsystemen wird der Umstand einer funktionierenden und vor allem wertschöpfenden Wirtschaftseinheit suggeriert. Bei genauer Betrachtung, die natürlich dem üblichen Investor oder Beteiligten verwehrt bleibt, wird die Maschinerie nur dazu genutzt Gelder der Anleger in steuer- und zugriffsfreie Staaten zu transferieren.

Diese Betrüger-Maschen, auch unter dem englischen Begriff „scam" bekannt, funktionieren immer dort, wo der Kenntnisstand global gesehen gering ist und die Regulierung des Marktes dies zulässt. Aber auch ganz ohne Betrugsversuche bilden die Blockchain-basierten Kryptowährungen ein enormes Verlustpotential. Mit Blick auf den Chart des Währungspaares Bitcoin – Euro ist sehr schnell ersichtlich, dass die Kursschwankungen jenseits aller logisch erklärbaren und technisch voraussehbaren Umstände sind (Quelle: finanzen.net GmbH). Die Investition in Kryptowährungen kann im aktuellen Stadium lediglich spekulativ sein.

Ferner, und das betrifft die komplette Blockchain, unterliegt die Technologie zu jeder Zeit dem Eingriff durch staatliche Regulierung. Auch wenn die Datenstruktur dezentral gesteuert wird, ist die Restriktion durch staatliche Organe deswegen nicht ausgeschlossen. Zusätzlich ist zwar aktuell das Hacken des Programm-Codes über den Energieaufwand sowie die Verschlüsselung ausgeschlossen, jedoch muss dieser Vorteil nicht für immer gelten. Technischer Fortschritt sowie die Weiterentwicklung von Programmierkenntnissen könnten in der Zukunft dazu führen, dass die Blockchain-Technologie hinsichtlich ihres Wertes deutliche Einbußen hinnehmen muss oder gar wertlos werden könnte. Insofern bleibt an der Stelle festzuhalten, dass die Blockchain-Technologie sowie die darauf basierenden Währungen und Errungenschaft derzeit ein Hype-Thema sind, was komplett neu für die Markteilnehmer ist. Es besteht kein vereinheitlichtes Verständnis davon, was die Lage sehr unübersichtlich und damit schwer oder gar nicht bewertbar macht.

KAPITEL 4: WAS IST EINE KRYPTOWÄHRUNG?

Eine Kryptowährung ist ein digitales Zahlungsmittel. Mit Hilfe der Blockchain-Technologie werden die Zahlungsvorgänge in Datenstruktur kryptisch verschlüsselt und dezentral abgelegt. Dieser Umstand ersetzt ein zentral steuerndes Organ, wie es die Zentralbank für den Euro ist.

Kryptowährungen sind dabei nicht wertvoller oder weniger wertvoll als es normale Devisen wie der Euro, der Dollar oder andere Zahlungsmittel sind. Der Wert hängt immer maßgeblich von der Akzeptanz in der Wirtschaft sowie der Bevölkerung ab. Hier holen die Kryptowährungen gerade stark auf, da ihre Struktur weniger anfällig gegen Wertschwankungen aus Inflation und Deflation sind sowie die Kostenstruktur keinen „Single Point of Failure" wie eine Zentralbank finanzieren muss.

Die Herstellung einer Kryptowährung geschieht durch das sogenannte „Mining" – übersetzt als „schürfen" zu verstehen. Die Anlehnung dabei an die bekannten Goldschürfer ist nicht zufällig, wobei die Generierung der digitalen Währung durch die Bereitstellung von Rechenkapazitäten erfolgt. Die komplexen, kryptischen Verschlüsselungen der Transaktionen erfordern eine hohe Rechenleistung, welche aufgrund der dezentralen Struktur von vielen unterschiedlichen Anbietern eingebracht werden kann. Die Entlohnung für die Bereitstellung der Kapazitäten erfolgt direkt in der Währung. Beim Mining werden Rechenaufgaben gelöst, die ein hohes Energielevel benötigen. Das wiederrum erfordert eine unglaublich hohe Energiemenge im Falle eines Betrugsversuches, was diesen entsprechend unattraktiv macht.

Um mit digitalen Währungen bezahlen oder Handeln zu können bedarf es eines sogenannten „Wallet“. Darunter wird ein Konto verstanden, dessen Deckung für Transaktionen verwendet wird. Die Bezahlung kann dabei über die Akzeptanz direkt an den Zahlungsempfänger erfolgen oder beispielsweise beim Währungshandel über entsprechende Tauschbörsen.

Derzeit sind rund 900 Kryptowährungen und Anlagemöglichkeiten bekannt, die auf Plattform von der Firma CoinMarketCap als handelbar ausgewiesen werden. Die Marktkapitalisierung lag dabei im Juni 2017 bei rund 100 Mrd. Dollar, wobei rund 90% auf die Top10 der Liste entfallen (Stand: Juli 2017 – Quelle: coinmarketcap.com)

Unterschieden wird bei der Liste zwischen Währungen und Anlagemöglichkeiten. Während die bekannteste Kryptowährung Bitcoin die Charts der Währungen bei der Marktkapitalisierung anführt, handelt es sich bei den Anlagemöglichkeiten um sogenannte „Assets“. Ethereum ist dabei keine Währung, sondern eine Plattform für sogenannte „Smart Contracts“. Darunter werden Protokolle verstanden, die Verträge technisch abwickeln, prüfen und unterstützen. Hier wird also auf andere Art und Weise als bei der Kryptowährung auf die Blockchain-Technologie zurückgegriffen und diese verwendet.

Bitcoin (BTC) – Die älteste digitale Kryptowährung der Neuzeit

Der Bitcoin wurde in einem White Paper im Jahre 2008 erwähnt und 2009 umgesetzt. Seitdem besteht die digitale Währung und hat mit rund 42 Milliarden US-Dollar die größte Marktkapitalisierung nach aktuellem Stand.

Organisiert und verwaltet wird Bitcoin als Zahlungsmittel und Zahlungssystem über die Blockchain, in der die einzelnen Verzeichnisse in einem Peer-to-Peer-Netzwerk dezentral auf den Kapazitäten der einzelnen Teilnehmer abgelegt werden. Gehandelt werden Bitcoins über sogenannte Bitcoin-Wallets. Diese sind ein digitales Portemonnaie, das als Webanwendung auf einem Rechner mit Internetanbindung funktioniert. An diese virtuelle Adresse können Zahlungen gesendet werden, ebenso wie Zahlungen von dort geleistet werden können.

Bitcoin gewährleistet allerdings keine vollständige Anonymität, da das Transaktionsverzeichnis öffentlich einsehbar ist. Ein Rückschluss auf die Beteiligten wird verschlüsselt und ist somit nicht ermittelbar. Als Zahlungsmittel ist der Bitcoin im Internet an immer mehr Stellen, vor allem im Dienstleistungsgewerbe, anerkannt. Für Produkte hat sich die Währung bis dato noch nicht durchgesetzt.

Der Wert eines Bitcoins wurde zur Einführung 2009 nicht beziffert. Daten hierzu gibt es erst ab 2011. Dort sind Kurse in US-Dollar gemessen und von einstelligen Dollar-Beträgen je Bitcoin ersichtlich. Große Kurssprünge haben den Wert der Währung bis Mitte 2017 auf ungefähr 2.500 US-Dollar je Bitcoin anwachsen lassen (Quelle: Bitcoin – Wikipedia.org).

Ethereum (ETH) – Die Plattform für Smart Contracts

Das Ethereum ist eine Plattform für Smart Contracts. Es basiert ebenfalls auf einer öffentlich einsehbaren Blockchain, für deren Rechenleistung Peer-to-Peer-Netzwerke genutzt werden. Wer an der Ethereum Blockchain teilnehmen möchte, benötigt einen entsprechend Client und kann mit Hilfe von diesem seine Vertragsdaten ohne eine zentrale Stelle oder Organisation mit ebenfalls angebundenen Vertragspartnern austauschen.

Ethereum existiert als Idee seit 2013 und wurde 2015 umgesetzt. Für diese Veröffentlichung wurde eine Crowdfunding-Kampagne erfolgreich durchgeführt, die Einnahmen von 18 Millionen US-Dollar brachte. Im Juni 2017 betrug die Marktkapitalisierung von Ethereum rund 26 Milliarden US-Dollar. Damit hat es die zweitgrößte Marktkapitalisierung der Kryptowährungen nach dem Bitcoin.

Gehandelt wird Ethereum ebenfalls über ein sogenanntes Wallet. Es kann direkt als Versandstelle einer Zahlung an ein anderes Wallet verwendet werden, oder für den Transfer an eine Tauschbörse. Verifiziert werden die Transaktionen über den „Proof-of-Stake"-Ansatz. In verschiedenen Entwicklungsstadien wollen die Programmierer vom ehemals verwendeten „Proof-of-Work"-Ansatz zur Alternative wechseln. Grund hierfür ist vor allem der genügsamere Kapazitäts-Verbrauch, der weniger Ressourcen für die Verifizierung benötigt (Quelle: Ethereum – Wikipedia.org).

Ripple (XRP) – Die eigene Währung eines Geldsystems

Bei Ripple handelt es sich um ein Zahlungsnetzwerk, dessen Transaktionen in einem Open-Source-Protokoll festgehalten werden. Unterstützt werden dabei alle Währungen. Ripple verfügt über ein Register von sogenannten IOUs, die Schuldscheinen ähneln. Je Nutzer wird also die Schuldverschreibung beziehungsweise sein Forderungsmanagement festgehalten und in dem Peer-to-Peer-Netzwerk protokolliert.

Ripple hatte im Juni 2017 eine Marktkapitalisierung von rund 11 Milliarden US-Dollar. Damit ist die Kryptowährung die Drittgrößte gemessen an der Kapitalisierung nach dem Bitcoin und Ethereum. Hinter dem Netzwerk steht die Firma Ripple Labs, die die Software für die Anwendung entwickelt hat. Um hier aus der zentralen Organisation der Währung zu kommen, funktioniert Ripple über Anwendungen auf dem Gerät in einem Peer-to-Peer-Netzwerk.

Monero (XMR) – Fokus auf Anonymität

Die Kryptowährung Monero existiert seit dem Jahr 2014. Sie stellt vor allem die Anonymität der Nutzer in den Vordergrund. Dazu wurde ein komplett neuer Code verwendet, der sich von dem des Bitcoins oder artverwandten Währungen, die nur leichte Änderungen erfahren haben, maßgeblich abspaltet. Der Name Monero entstammt der Sprache Esperanto und bedeutet so viel wie „Währung“.

Monero hatte im Juni 2017 eine Marktkapitalisierung von rund 660 Millionen US-Dollar. Damit gehört die Kryptowährung eher zu den kleineren, steht aber in der Tabelle sortiert nach der Marktkapitalisierung auf Platz 10. Die Währung unterscheidet sich maßgeblich durch den Fokus auf die Sicherheit und Anonymität von ihren Konkurrenzwährungen.

Die Monero-Einheiten werden analog der Vorgehensweise bei den anderen Kryptowährungen über das Mining erschaffen. Ihre geforderte Rechenkapazität ist jedoch deutlich höher um die Sicherheit gewährleisten zu können. Im Code der Währung ist ab einer bestimmten Geldmenge eine Inflationsrate verankert, die ab 2022 mit einer rechnerisch, nominalen Höhe von 0.87% zum Tragen kommt. Dank vorhersehbarer Ereignisse wie Verlust von Währungseinheiten wird diese langfristig jedoch gegen 0% tendieren.

Die hohe Sicherheit und gleichzeitig Anonymität der Blockchain erreicht die Währung Monero durch das CryptoNight-Protokoll. In diesem werden sogenannte Ring-Signatures und Steath Adresses verwendet. Diese verdecken und verschleiern die Ein- und Ausgänge der Währung in der Blockchain und machen somit einen Rückschluss fast unmöglich. Die umfangreichen Verschleierungsmethoden führen zu einem deutlich höheren Arbeitsaufwand und gleichzeitig mehr Speicher- und Rechenbedarf (Quelle: Monero – Wikipedia.org).

Was ist notwendig, um mit einer Kryptowährung zu bezahlen?

Die grundsätzliche Idee der Kryptowährungen ist es den Zahlungsverkehr sowie die Organisation dezentral zu gestalten. Neben einem Peer-to-Peer-Netzwerk ist hierzu die Blockchain-Technologie notwendig, um ein Transaktionsregister erstellen zu können und die Daten sicher verschlüsselt abzulegen.

Aktuell gibt es eine Vielzahl von verschiedenen digitalen Währungen. Welche sich davon zukünftig durchsetzen oder auch eines Tages als offizielles Zahlungsmittel anerkannt werden, kann nach heutigem Wissensstand nicht beantwortet werden. Die Technologie ist vergleichsweise neu und erfreut sich einer immer größer werdenden Bekanntheit. Allerdings ist bis dato jegliche Regulierung und vor allem Anerkennung nicht erfolgt, so dass die Währungen im Vergleich zum Euro oder dem US-Dollar mit einem hohen Risiko behaftet sind.

Speziell in Amerika ist jedoch die Anzahl an Unternehmen rapide ansteigend, die digitale Währungen als Zahlungsmittel akzeptieren. Hier sind bereits Automaten zur Ein- und Auszahlung im Einsatz, was derzeit in Deutschland und Europa noch sehr selten ist. Was in der Zukunft passieren wird, ist schlecht einschätzbar.

Um mit einer digitalen Währung bezahlen zu können ist vor allem ein sogenanntes „Wallet" notwendig sowie die Akzeptanz der Währung beim Geschäftspartner. Sich selbst ein „Wallet" anzulegen ist problemlos möglich und bedarf nur sehr weniger Informationen wie beispielsweise einer Mailadresse. Jedoch Zahlungspartner zu finden, die die Währung anerkennen, ist speziell in Europa noch sehr selten. Die Anzahl der Geschäfte nimmt jedoch stetig zu, in denen mit Bitcoins oder anderen digitalen Währungen bezahlt werden kann. Es ist anzunehmen, dass die Kryptowährungen in der Zukunft der Geldtransfers eine wichtige Rolle spielen werden. Vor allem denjenigen, denen heute der Zugang zum freien Geld- und Warenmarkt verwehrt ist, bieten die virtuellen Währungen Chancen und Möglichkeiten.

Mit einem „Wallet" kann nun problemlos in einer digitalen Währung bezahlt werden. Sollte der Bedarf bestehen die vorhandene Währung gegen eine digitale Währung oder auch eine bereits bekannte Devise zu tauschen, gibt es hierfür entsprechende Handelsplätze. Auf diesen wird der Wunsch adressiert und beim Aufeinandertreffen von Angebot und Nachfrage ausgeführt.

KAPITEL 5: SIND DIGITALE WÄHRUNGEN EINE INVESTITION WERT?

Derzeit gibt es aufgrund der hohen Schwankungsbreiten und zusätzlich der sehr hohen Zugewinne der Währungskurse geradezu einen Run auf die Währungen. Es gibt Berichte von Menschen die 2009 kleine Beträge der Bitcoins gekauft haben und heute aufgrund der Zugewinne Millionäre sind. Bei einem Ausgabekurs der Währung Bitcoin (BTC) von 0,30 US-Dollar oder einem geringen Kurs in den Folgejahren von 2-5 US-Dollar scheint der Wahrheitsgehalt dieser Berichte bei derzeitigen Höchstständen von 2.700 US-Dollar und höher je Bitcoin nicht erfunden.

Vor der Investition in die Währungen selbst sei an der Stelle deutlich gewarnt. So wie der heutige Forex-Markt ein reiner Spekulationsmarkt über die Entwicklung von Währungspaaren ist verhält es sich auch mit den digitalen Währungen. Der Wert der Bitcoins oder auch der anderen Währungen ist mit Logik nicht zu erklären. Vielmehr ist in diesem Kurs bereits die Hoffnung eingepreist, dass die Währung eines Tages das heutige Geld ablöst oder zumindest als offizielles Zahlungsmittel zugelassen wird. Ob und wann überhaupt diese Entscheidungen kommen mögen, steht derzeit in den Sternen und kann auch nicht mit einer Prognose beantwortet werden. Zu groß sind hier die Interessenslagen der Marktteilnehmer, deren Schnittmenge momentan noch sehr gering ist. Vermutlich wird es noch mehrere Jahre dauern, bis eine solche Diskussion in der Wirtschaft und der Politik eine Bühne findet.

Zusätzlich ist die Technologie noch sehr neu. Sie ist wenig erprobt, weder im freien Verkehr noch unter Last. Mit dem heutigen Kenntnisstand bewerten Experten sie als sehr sicher und sehr fortgeschritten, aber wir wissen nicht, wo die Technik in 10 Jahren steht. Insofern gibt es hier ein latentes Risiko, das keinesfalls außer Acht gelassen werden darf. Um es am Ende kurz und knapp abzurunden: In den vergangenen Jahren sind große Gewinne mit der Investition in Kryptowährungen gemacht worden. Die wenigsten nehmen allerdings auch die Fälle wahr, bei dem Vermögen vernichtet wurde. Und davon gab es ebenfalls sehr viele, ganz abgesehen von den Trittbrettfahrern und Schneeballsystemen, die in dem Bereich ihr Unwesen treiben. Wer etwas Geld auf der Seite hat und darauf nicht angewiesen ist, kann es versuchen. Ein seriöses Investment im Sinne einer absehbaren Wertschöpfung ist allerdings nicht möglich und somit als hochspekulativ einzuordnen.

Wie kann in digitalen Währungen investiert werden?

Wer daran Interesse hat, benötigt in jedem Fall ein Tradingkonto beispielsweise bei Kraken oder Anycoin. Das sind zwei vergleichsweise große Handelsplätze, auf den Kryptowährungen gehandelt werden können. Hier werden Angebot und Nachfrage zusammengebracht und man kann seine Euros gegen Bitcoins oder eine andere Währung eintauschen. Empfehlenswert ist es sich ein „Wallet“ anzulegen, in dem die Währung dann verwahrt werden kann.

Wie können Sie mit digitalen Währungen Geld verdienen?

Die dezentrale Struktur der Währungen erfordert eine hohe Rechenleistung. Diese muss über viele verschiedene Ressourcen geschaffen werden, die von jedem zur Verfügung gestellt werden können. Abhängig von der Währung werden dafür verschiedene Verdienste bezahlt. Systeme mit einer hohen Leistung erhalten mehr als diejenigen, die nur wenig Leistung abgeben.

Geld verdient man an der Stelle mit dem sogenannten Mining. Die Währung wird analog der Metapher aus dem Goldrausch „geschürft". Darunter sind die Rechenprozesse zu verstehen, die in einer Blockchain anfallen. Für diese wird eine Kapazität zur Verfügung gestellt und als Gegenleistung werden bestimmte Anteile der Währung gezahlt.

Ob sich das Mining für eine Währung lohnt oder nicht sollte vorher unbedingt durchgerechnet werden. Sowohl die Anschaffungskosten für die Komponenten als auch der laufende Unterhalt vor allem für den Strom sind abhängig von der Leistung teilweise sehr hoch. Empfehlenswert ist es sich mit seinen Kapazitäten einem Mining-Pool anzuschließen. Dort werden in einer Gemeinschaft die Kapazitäten der einzelnen Mitglieder gesammelt und zur Verfügung gestellt. Anteilig von der eingebrachten Leistung erhalten Sie dann Ihr Geld.

KAPITEL 6: WIE WIRD DIE BLOCKCHAIN-TECHNOLOGIE DIE ZUKUNFT BEEINFLUSSEN?

In den vorangegangenen Kapiteln haben Sie einen Eindruck davon gewinnen können, was die Blockchain-Technologie ist. Zusätzlich habe ich erläutert wie unser Geldsystem funktioniert und wie dieses organisiert ist. Die Technologie hat nach aktueller Ansicht von Informierten und Experten das große Potential den Finanzmarkt umzukrempeln. Hier sind es natürlich die Währungen die im Vordergrund stehen. Angesicht der Anzahl an verschiedenen Währungen ist heute jedoch nicht eindeutig klar, welche Währung eine Konsolidierungsphase überstehen wird. Die ersten zehn Währungen der Übersicht haben ein Marktanteil von über 90%, so dass es vermutlich eine oder mehrere dieser digitalen Zahlungsmittel sein werden.

Ein wesentlicher Punkt der Blockchain-Technologie ist die Akzeptanz. Werden Kryptowährungen als Zahlungsmittel offiziell von den Zentralbanken zugelassen oder versperren sich die Institute diesem Schritt? Per heute gibt es mehrere Anträge von Fonds, die auf dem Bitcoin aufsetzen wollten. Ihnen wurde die Zulassung nicht gegeben, so dass der Bitcoin keine offizielle Rolle spielt. Vermutlich wird es einige Zeit dauern, bis sich die Währungen durchgesetzt haben. Bei der Vielzahl der Währungen ist auch eine Marktkonsolidierung zu erwarten, die die weniger substanziellen Werte aussortiert.

Aber nicht nur bei der Währung, auch bei den anderen Techniken der Blockchain bleibt abzuwarten was passiert. Der große Vorteil des geringeren Aufwands sowie der sicheren Technik machen die Technologie für viele Unternehmen und Privatleute interessant. So hat das Ethereum als Bestandswert eine zunehmend große Anzahl von Smart Contracts, die als Alternative zum heutigen Datenmanagement und als Übermittlung zukünftig die Führung übernehmen könnte.

Grundsätzlich könnte die digitale Verwaltung von Verträgen, Versicherungen und anderen speicherungsfähigen Daten in der Zukunft immer weiter an Akzeptanz gewinnen und eine Notwendigkeit aufgrund der Datenmenge entstehen. Die Möglichkeit diese Daten und Verhältnisse in einer Blockchain zu speichern ist aus offenliegenden und nachvollziehbaren Gründen erstrebenswert für diejenigen, die mit der Speicherung beauftragt sind.

Welche technischen Entwicklungen sind in der Zukunft noch zu erwarten?

Man kann an dieser Stelle verschiedene Szenarien durchspielen. Die Beratungsgesellschaft Deloitte hat hierzu einmal vier Szenarien näher untersucht, die ich Ihnen nun vorstellen möchte. Wie es dann am Ende wirklich kommen wird, weiß heute niemand. Irgendwo zwischen zwei der Szenarien wird sich die Wirklichkeit aber einpendeln (Quelle: Deloitte GmbH Wirtschaftsprüfungsgesellschaft)

Szenario #1: Survival of the Biggest

Es wird unterstellt, dass die Blockchain sich weiter rasend schnell entwickelt und alles Dagewesene in den Schatten stellt. Das, was der Blockchain heute als Funktion zugeschrieben wird, wird durch die technische Weiterentwicklung in der Zukunft sogar noch übertroffen.

Mit dem heutigen Kenntnisstand könnte die Blockchain in jedem Fall das Finanzwesen neu ordnen und vollkommen revolutionär aufstellen, so dass unter Umständen das große Aussterben der Banken beginnt.

In diesem ersten Szenario wird diese Vorstellung sogar noch übertroffen und die Blockchain wird nicht nur den Finanz-Sektor vollkommen neu strukturieren, sondern alle Bereiche, in denen Daten aufbewahrt und transferiert werden. Dazu könnte der große Bereich Bildung gehören, ebenso wie das Verwalten von Verträgen und öffentlichen Daten. Daten der Krankenversicherungen und gleichzeitig der Versicherten könnten zwischen den Gesellschaften ausgetauscht werden, womit ein besser vernetztes und damit effizienteres Gesundheitssystem eingeführt werden kann. Schulen, Kindergärten, Universitäten legen ihre Daten in der Blockchain ab ebenso wie Privatpersonen und alle Arten von Unternehmen.

Man kann sich hier so weitgefasste und große Vorstellungen ausdenken, auf welche Bereiche die Blockchain sich auswirkt. Fakt ist in dieser Variante, dass die Blockchain alles in den Schatten stellt, was wir bis dato kannten. Die Bereiche werden vollständig und grundlegend revolutioniert. Alles Dagewesene verschwindet im Schatten der neuen Technologie und wird durch diese ersetzt.

Szenario #2: Niche Evolution

Derzeit gibt es einen riesigen Hype um das Thema der Blockchain und Kryptowährungen. In diesem Szenario jedoch ebbt der Hype nach und nach ab und das ganze Thema verschwindet von der Bildfläche. In einigen Jahren können wir uns nur noch an den Hype erinnern, aber die Technik an sich hat lediglich Randbereiche berührt und dort für Veränderungen gesorgt. Insgesamt aber waren der

Trend und der Hype lediglich genau das: etwas, was vorbeigeht. Und so geht auch die Zeit der Blockchain vorbei und das Thema endet in der Bedeutungslosigkeit.

Solche Ereignisse und Neuerungen hat es immer wieder gegeben. Wirtschaftskrisen, populäre Politiker mit extremen Ansichten oder Technologien. Erinnern Sie sich noch an die Dotcom-Blase Anfang der 2000er? Das schwedische Start-Up Boo.com scheiterte grandios mit der Idee, Mode über das Internet zu verkaufen. Der Wert des Unternehmens wurde an der Börse mit Phantasiewerten in dreistelliger Millionenhöhe bewertet. Als die Blase platzte, blieb nicht mehr als ein Haufen Schulden und eine Insolvenzerklärung.

Wer heute auf den Hype aufspringen will, ohne das Thema der Blockchain nachhaltig durchdrungen zu haben und die entsprechenden Risiken zu kennen, agiert nicht viel anders als die damaligen Anleger der T-Aktie. Auf den Hype-Zug wird aufgesprungen. Am Ende bleibt in diesem Szenario ähnlich wie bei der Dotcom-Blase nicht viel mehr als verbrannte Erde und ein riesiger Haufen Schulden.

Szenario #3: One-eyed in the kingdom of the blind

Übersetzen könnte man dieses Szenario mit den Worten "der Einäugige unter den Blinden". Auch wenn die Technologie anfangs revolutionär schien und durchaus positive Zukunftsaussichten hatte, konnte sie sich nicht durchsetzen. Die Technik streikte, Geschwindigkeitsprobleme traten auf oder Hackerangriffe zerstörten den Ruf der sicheren Datenkette. Die Technologie steckt per heute noch in den Kinderschuhen. Lediglich ein sehr kleiner Teil der heutigen Datenmengen wird über die Blockchain gesendet beziehungsweise dort abgelegt. Werden die Datenmengen größer und das ganze

Konstrukt komplexer, hat die Technologie vollkommen neue Herausforderungen, denen sie gewachsen sein muss. Stellt sich hier in einem Stadium heraus, dass sie eine der für sie maßgeblichen Eigenschaften wie die Dezentralität und die Verschlüsselung nicht halten kann, verliert sich gleichzeitig die Bedeutung.

In den Kursen der Kryptowährungen steckt heute vor allem sehr viel Phantasie. Die Vorstellungskraft reicht bei den Anlegern und Markt-Akteuren so weit, dass sie damit die Zukunft gestalten wollen. Stoßen sie auf dieser Reise allerdings an einen kritischen Punkt, der nicht überwunden werden kann, lösen sich die Phantasien vollständig auf. Boo.com, das bereits erwähnte Mode-Start-Up scheiterte nicht an den Umsatzzahlen, sondern daran, dass die Startseite zu groß dimensioniert war und die Besucher aufgrund der Ladezeit absprangen. Das Projekt war also nicht in der Lage seine Angebote überhaupt zu platzieren, um Umsatz zu machen.

Szenario #4: Blockcracy

Die Blockchain-Technologie hat sich vollständig durchgesetzt. Die Welt hat auf die Lösung des Problems gewartet und ist bis in alle Ewigkeiten dankbar dafür. Sie wird in Vergleichen auf eine Stufe mit der Erfindung des Internets, der Elektrizität oder dem Otto-Motor gestellt. Diese haben der Welt allesamt einen riesigen Mehrwert gegeben und ganze Gesellschaften in die eine oder die andere Richtung bewegt. Das, was viele Menschen von der Technologie erwartet haben, ist eingetreten. Sie spendet Wohlstand und Sicherheit und ist der reinste Segen für die Welt.

Dieses Szenario befasst sich damit, dass die Technologie genauso „einschlägt“, wie es anfänglich von ihr erwartet wurde. Es ist eine weltverändernde Weiterentwicklung, die über Jahrzehnte und Jahrhunderte hinweg eine Bedeutung haben wird. Auch wenn sich der Hype gelegt hat, konnte die Entwicklung stetig vorangetrieben werden. Alle Befürchtungen und vor allem Weltuntergangsmeldungen zum Trotz wurden die anstehenden Herausforderungen bewältigt.

Bewertung der Szenarien

„Die Wahrheit liegt irgendwo da draußen“, sagte schon damals Scully zu Mulder in der Serie „Akte X“. Die heute vorliegenden Daten zur Blockchain machen eine Bewertung sehr schwer, sofern sie überhaupt möglich ist. Neben dem Entwicklungsstand der Technologie sowie den Erwartungshaltungen spielen hier immer wieder auch externe Faktoren eine Rolle. Weltweite Krisen, Kriege und Terror sowie viele andere Bestandteile unserer Gesellschaft können die Entwicklung nachhaltig hemmen.

Schaut man sich in den vergangenen 20 Jahren einmal die Hypes an, so lassen sich alle Erscheinungen in eine der oben genannten vier Szenarien einordnen. Das Internet, das uns Anfang des 21. Jahrhunderts als Technik heimsuchte, hat zweifelsfrei die Kommunikation untereinander maßgeblich beeinflusst. Heute bauen fast alles im öffentlichen Leben auf der Datenverbindung per Internet auf und ist schlichtweg einfach nicht mehr wegzudenken.

Verschwunden ist zum Beispiel das schwedische Start-Up Boo.com. Geblieben ist aus der Idee aber immerhin, dass sich Mode per Internet-Versandhaus verkaufen lässt. Es ist einfach nun, rund 15 Jahre später, die Bewertung lapidar vorzunehmen. In der heutigen Zeit und den aktuellen

Übertragungsgeschwindigkeiten wäre der Shop vermutlich ohne technische Probleme an den Markt gegangen. Insofern könnte man sagen, dass das Projekt damals in einer Zeit war, wo die Technik noch nicht bereit dafür war. Die Idee an sich lebt aber weiter und ist heute tausendfach umgesetzt worden.

Gibt es denn offizielle Prognosen von Unabhängigen, die den Verlauf vorhersagen könnten?

Die Frage, die sich an dieser Stelle als Erstes stellt: Wer ist denn der oder die Unabhängige, die das bewerten könnte? Leute aus der Finanzbranche können es auf jeden Fall nicht. Programmierer und Techniker ebenso wenig. Und Experten aus der Wirtschaft? Auch nicht wirklich geeignet. Die Finanzbranche hofft unter Umständen darauf, dass sich der Hype legt und wieder verschwindet, so dass es keine Revolution in dem Bereich geben muss. Die Programmierer und Techniker hoffen selbstverständlich auf einen großen Erfolg und werden, auch aufgrund ihres Verständnisses der Technik, hier eher positiv gestimmt sein. Und die Wirtschaft ist natürlich an allem interessiert, was es mit einer zuverlässigen Sicherheit zu geringeren Kosten gibt. Hier wird das Bild der Hoffnung auch eher positiv sein.

Insofern ist per heute niemand zu erkennen, der alle Auswirkungen zusammenfassend bewerten könnte. Zudem wissen wir heute noch zu wenig darüber, was die Blockchain irgendwann können könnte oder sollte. Viele hoffen heute einfach nur auf einen Erfolg der Technologie und spekulieren darauf, damit ihren Reichtum zu bekommen.

Kryptowährungen sind ein Nischenthema

Wenn wir uns dem Thema einmal von einer finanziell bewerteten Seite nähern sieht es wie folgt aus. Die Blockchain hat mit ihren rund 1.000 derzeit handelbaren Währungen eine Marktkapitalisierung von rund 100 Milliarden Euro. Nimmt man hier als Vergleichswert die Top 100 Unternehmen dieser Welt, so haben diese eine Kapitalisierung von 14.640 Milliarden Euro an den internationalen Börsen. Und das sind lediglich die 100 größten Unternehmen. Zählt man hier beispielsweise die Brutto-Inlandsprodukte aller Staaten weltweit zusammen, wird der Wert gigantisch hoch. Das ist dann aber die Messgröße, mit der es die Blockchain aufnehmen muss, wenn sie sich als Revolution positionieren möchte. Aus der Gegenüberstellung wird aber sehr schnell deutlich, in welch kleinen Dimensionen sich die Blockchain dennoch bewegt.
Bezogen auf die vier Szenarien ist es der Blockchain in jedem Fall gelungen ein ausgereiftes Nischenthema zu werden, das derzeit einen Hype verursacht hat. Die Aufmerksamkeit der breiten Öffentlichkeit hat für ein Nischenthema immer Vorteile. Vor allem aber werden dadurch Investoren auf das Thema gestoßen und sind bereit, Geld zu investieren, das dringend für die Weiterentwicklung der Technik gebraucht wird. Insofern befindet sich die Technologie in einem völlig normalen Entwicklungsstadium.

In den nächsten Monaten und Jahren wird es vor allem darum gehen, ob sich die Blockchain und vor allem die Kryptowährungen halten und behaupten können. Der Wert der ihnen heute zugesprochen wird und den sich viele von ihnen wünschen, muss auf die eine oder andere Art bestätigt werden. Selbstverständlich kommt sie nun langsam in einen Bereich, wo sie den Ausbruch aus der Nische wagt. Der ersten Fonds sollen auf Basis der Bitcoins angelegt werden. Die ersten Geldautomaten für Bitcoins sind vorhanden und das ein oder andere Geschäft ist bereit das Zahlungsmittel anzuerkennen. Das sind Tendenzen, die genau in die richtige Richtung gehen, um die Blockchain zu etablieren. Hier werden aber zusehends die Gegner auf den Plan treten und versuchen die Vorstöße zu verhindern. So ist von den großen Banken in den letzten Wochen und Monaten vor allem unisono zu hören, dass der Bitcoin ein spekulatives Investment ist. Zur Technologie und den Vorteilen, vor allem dem Kostenvorteil liest man aber sehr wenig.

Die Blockchain befindet sich mit dem Anwendungsbereich der Kryptowährungen gerade an einem Übergangspunkt von einem trendigen Nischenthema zu einer ersthaften Technik, die Einfluss in unseren Alltag nehmen könnte. Dabei muss sie viele Hürden nehmen und vor allem die größte Herausforderung: sie muss anerkannt und verwendet werden.

Wie hoch ist die Akzeptanz von Kryptowährungen?

Jeder Hype kommt irgendwann an die eine alles entscheidende Stelle in seinem Zeitverlauf, an der sich die Massentauglichkeit beweisen muss. Logischerweise kann ein Trend nur dann dauerhaft erfolgreich sein, wenn er die kritische Masse überwindet. Im Bereich der Blockchain wird dies vor allem die Rechenleistung sein, die bereitgestellt werden muss, damit die Technologie von der breiten Masse genutzt werden kann. Diese Einschätzung ist per heute sehr schwer, da einige Variablen der Rechnung nicht bekannt oder nur sehr schwer zu berechnen sind. Würde sich die Technik durchsetzen, steht zu erwarten, dass Hersteller von Leistungskomponenten das Geschäft intensivieren. Dieser Fortschritt wiederrum bedeutet eine Produktivitäts-Entwicklung, die Einfluss auf die Kosten und selbstverständlich auch auf die Leistung nimmt.

Technik versus Gewohnheiten – der lange Kampf gegen die Gesellschaft

Neben den technischen Komponenten spielt aber vor allem die Akzeptanz der Blockchain eine große Rolle. Stellvertretend für die Technik dürfte hierfür die Akzeptanz der Kryptowährungen die wesentliche Rolle spielen. Schaffen es verschiedene oder mindestens eine der Währungen öffentlich als Zahlungsmittel zugelassen zu werden, dürfte das der entsprechende Durchbruch sein. Leider geht es an der Stelle aber selten um die Vor- oder Nachteile der wirtschaftlichen Betrachtung. Der Protektionismus einzelner Staaten und Gesellschaften ist das zu überwindende Kriterium. Es ist zu vermuten, dass der Technik und der Währung vor allem junge und flexible Staaten sehr offen gegenüberstehen. Auch dürften Gesellschaften daran ein großes Interesse haben, deren Zahlungsverkehr und streckenweise -beschränkungen der staatlichen Aufsicht unterliegen. Die Verschlüsselung und Anonymisierung des Zahlungsverkehrs hätte hier große Vorteile für die Gesellschaft, wohingegen die Regierung solcher Staaten das Zahlungsmittel nicht zulassen würde.

Besonders das politische Abwägen wird hier in den kommenden Jahren das wichtigste Kriterium für die Technik sein. Je mehr Zeit dabei vergeht und diese seitens der Technologie für Weiterentwicklung genutzt wird, desto größer werden die Chancen und Möglichkeiten, dass die Technik sich durchsetzt und der breiten Masse zugänglich gemacht wird.

Ablehnende Haltung der Banken

Per heute sind die Kryptowährungen nichts Anderes als Spekulationsobjekte und ein sehr großer Hype. Die ersten zaghaften Versuche zum Beispiel die Währung Bitcoin als Zahlungsmittel einzuführen bestehen allerdings. Neben einigen Anbietern, die die Zahlung per Bitcoin akzeptieren, liegen auch die ersten Anträge auf eine Börsenzulassung bei den Börsenaufsichten vor. Im März 2017 entschied sich die US-Börsenaufsicht SEC gegen die Zulassung eines indexbasierenden Fonds (Quelle: Handelsblatt GmbH). In der Begründung ist jedoch deutlich beschrieben, dass die Ablehnung auf den derzeit sehr volatilen Märkten im Bereich der Kryptowährungen basiert. Für die Zukunft möchte man den Bereich beobachten und schließt nicht aus, die Meinung zu einem späteren Zeitpunkt zu ändern.

Währenddessen und nur ein halbes Jahr nach dieser Entscheidung strebt das schweizerische Haus Crypto Fund AG die Zulassung eines Fonds an, der mehrere Kryptowährungen enthalten soll (Quelle: t3n - yeebase media GmbH). Man stehe der Quelle nach bereits in Kontakt mit der eidgenössischen Finanzmarktaufsicht FINMA. Die ersten Gespräche „sollen positiv verlaufen sein".

Und vermutlich wird es so noch einige Zeit weitergehen. Immer wird es Vorstöße Einzelner geben, die versuchen werden das Zahlungsmittel der Kryptowährungen offiziell zu machen. Auch wenn die Zulassung eines Fonds nicht gleichermaßen bedeutet, dass es damit eine offizielle Währung ist, ist es doch ein wichtiger Schritt. Fonds werden für fast alles aufgelegt: Windkraftanlagen, Bewaldung, aber natürlich für Börsen-Indizes oder Wirtschafts-Branchen. Mit einer solchen Zulassung hätte die Kryptowährung den Status „von etwas" – ohne es an der Stelle näher beschreiben zu können. Sinnbildlich gesprochen hatte die Blockchain-Technologie einen ersten Fuß in der Tür zur offiziellen Zulassung.

Warum haben viele Wirtschaftsbeteiligte Angst davor?

Wirtschaften werden immer von Beteiligten und diese von Menschen geleitet. Wir Menschen sind Gewohnheitstiere und lieben größtenteils unsere bekannte Umgebung. Neuen Dingen stehen wir grundsätzlich skeptisch gegenüber, da wir den Verlust von Sicherheit befürchten. Es bedarf doch eines recht langen Zeitraums, bis wir etwas anerkennen und in unsere gewohnte Umgebung aufnehmen.

Der Weg in unseren persönlichen Bereich darf etwas Neues nur dann nehmen, wenn wir uns der Vorteile bewusst und diese vor allem nachgewiesen sind. Vorher sehen wir unseren Status quo gefährdet. Und genau so ist es mit den Wirtschaftsbeteiligten. Diese werden von Menschen wie uns geführt und tendieren somit immer zu einer skeptischen bis negativen Haltung gegenüber neuen und vollkommen unbekannten Dingen.

Nehmen wir an der Stelle plakativ einmal das Beispiel der Banken und der Kryptowährungen. Der Technologie der Blockchain wird eine dezentrale, öffentlich einsehbare und anonymisierte Funktionsweise nachgesagt, die lediglich replizierbare Rechen-Leistungen benötigt. Eine Bank mit einem angeschlossenen Filialsystem basiert ihr heutiges Geschäft vor allem auf der individuellen Beratung sowie der Speicherung von Vermögen. Geld wird auf Konten eingezahlt und Häuser werden bei Banken als Sicherungsleistung hinterlegt.

Hypothese: Niemand gräbt sich selbst das Wasser ab

Mit der Zulassung der Kryptowährung und der breiten Akzeptanz einer solchen Technologie würden die Basiswerte einer Bank nachhaltig angegriffen werden. Das, wofür ein heutiges Geldinstitut steht und womit es sein Geld verdient, wird durch die Technologie überspitzt formuliert egalisiert. Niemand braucht mehr einen Tresor um Geld und Unterlagen einzuschließen, wenn die Daten nachhaltig sicher in der Blockchain abgelegt und gespeichert werden können. Die Kosten des Zahlungsverkehrs werden in der Blockchain-Technologie vermutlich deutlich geringer sein, so dass hier eine weitere Einnahmequelle der Banken ausgelöscht werden könnte.

Ich bitte Sie an der Stelle solche Hypothesen mit Vorsicht zu genießen. Auch die von mir gemachte Annahme ist nicht viel mehr als meine eigene Vermutung. Schaut man sich aber die Pressemeldungen oder Standpunkte der großen

Banken an, ist sehr auffällig, dass es quasi keine positiven oder befürwortenden Meldungen zu den Kryptowährungen gibt.

So sagte der Vorstand der Deutschen Bundesbank Carl-Ludwig Thiele im Mai dieses Jahres folgendes: „Der Bitcoin ist ein Spekulationsobjekt, dessen Wert sich rapide verändert. […] Aus unserer Sicht ist der Bitcoin kein geeignetes Medium, um Werte aufzubewahren" (Quelle: WeltN24 GmbH).

In das gleiche Horn blies 2013 bereits der Chefvolkswirt der Commerzbank Jörg Krämer, als er sagte: „Niemand verwendet eine Währung, die dauernd Achterbahn fährt.[….] Kein Geschäft ist bereit, dauernd die Bitcoin-Preise zu ändern, weshalb die Eignung als Transaktionswährung zerstört wird" (Quelle: Handelsblatt GmbH).

Heute sind wir einige Monate und Jahre weiter und haben einen anderen Wissensstand. Dennoch ist weiterhin auffällig, dass besonders Geldinstitute vor der Verwendung der Kryptowährungen warnen. Diese sind allerdings auch nicht von der Hand zu weisen, da die Währung nach wie vor ein Hype ist und entsprechend große Kursausschläge hat. Ferner wird die Währung auch immer wieder aufgrund ihrer Anonymität mit illegalen Geschäften vor allem im Darknet in Verbindung gebracht.

Industrialisierung, Automatisierung, Internet – und die Blockchain?

Etwas Neues einzuführen bedeutet immer den Ausbruch aus einer gewohnten Umgebung und das Eindringen von etwas Unbekanntem. Der Großteil der Gesellschaft empfindet diesen Prozess als unangenehm, da es zu einer Veränderung kommt, deren Konsequenzen wir als Einzelpersonen nicht sofort absehen und bewerten können. Als Folge dessen gehen wir in eine skeptisch, abwehrende Haltung Neuem gegenüber. Und da wir Menschen Unternehmen leiten, Regierungen führen und für unser eigenes Wohl sowie das Anderer verantwortlich sind, versuchen wir, nicht absehbare Neuerungen zu vermeiden.

Die Blockchain-Technologie muss durch dieses dichte Netz von abwehrenden Haltungen gelangen. Auch wenn es durchaus nachvollziehbar ist, dass sich niemand den Ast absägt auf dem er sitzt, so muss es die Aufgabe der Befürworter sein, die Vorteile und vorteilhaften Entwicklungen in den Vordergrund zu stellen. Auch der „Kampf" von manueller Arbeit hin zur Industrialisierung war über eine lange Zeit. Und auch der nächste Schritt hin zur Automatisierung ist ein Wandel, der vor Jahrzehnten begonnen hat und bis heute nicht abgeschlossen ist. Immer noch muss diese Technologie gegen den Widerstand der Bevölkerung arbeiten und dabei bestehen.

Ob die Blockchain-Technologie einen Stand wie die Automatisierung in der Gesellschaft bekommt oder nach der Hype-Phase wieder verschwindet, ist heute noch offen. Die Chancen und vor allem die Vorteile der Technologie bieten gute Chancen, dass sie sich behaupten wird und den langen Weg gehen muss, um von der Gesellschaft akzeptiert zu werden. Mit jedem Tag, den sie weiter existiert, ergibt sich jedoch die Chance weitere Menschen von den Vorteilen der Technologie zu überzeugen und damit die Akzeptanz zu erhöhen.

SCHLUSSWORT

Nüchtern betrachtet und lediglich auf die Fakten reduziert, bietet die Blockchain-Technologie das Potential unseren Alltag wesentlich zu verändern. Sichere Datenketten, weniger angreifbare Datenmengen und anonyme Datenverkehre sind überaus interessante Vorteile in einer Zeit, in der wir Bürger immer mehr Daten preisgeben (müssen).

Gleichermaßen bieten die zu erwartenden Kostenvorteile für die Gesellschaft eine Ersparnis, die gerne mitgenommen wird. Insofern erscheint die Technik als Heilungsmittel für derzeitige, gesellschaftliche Probleme. Ob sie dies am Ende wirklich ist oder der Hoffnung nicht gerecht werden kann, vermag heute niemand zuverlässigen zu sagen.

Mit Blick auf die heutige Situation lässt sich jedoch resümieren, dass die Technologie großes Potential hat die Welt zu verändern. Müsste ich mich anhand der vorgestellten Szenarien der Beratungsgesellschaft Deloitte für eines entscheiden, ist die erste Vorstellung „Survival of the Biggest“ meiner Meinung nach am wahrscheinlichsten. Ähnlich wie bei Tesla oder anderen Autoherstellern auf einem komplett neuen Konzept bin ich überzeugt davon, dass die Vorteile der Blockchain irgendwann verständlich werden. Ob dies am Ende der Bitcoin ist oder eine andere Währung, sollte dabei vollkommen irrelevant sein. Die Technik wird kommen und sie wird einiges in unserem Alltag so auf den Kopf stellen, dass wir uns neu orientieren müssen.

Ich möchte mich an dieser Stelle ganz herzlich bei Ihnen für den Kauf des Buches bedanken. Ich hoffe, dass ich Ihnen einen informativen und dennoch umfangreichen Einblick in die Technik und vor allem die Zukunftsprognosen der Technologie geben konnte. Mit Hilfe der vermittelten Inhalte sollten Sie nun „mitreden" und sich eine eigene Meinung bilden können, ohne sich dabei auf reißerische Quellen verlassen zu müssen.

QUELLENVERZEICHNIS

Quelle 1: bitcoin.org – Link:
https://bitcoin.org/bitcoin.pdf

Quelle 2: Proof of work – Wikipedia.org – Link:
https://de.wikipedia.org/wiki/Proof_of_Work

Quelle 3: coinmarketcap.com – Link:
http://coinmarketcap.com/

Quelle 4: Handelsblatt GmbH – Link:
http://www.handelsblatt.com/finanzen/maerkte/devisen-rohstoffe/bitcoin-und-onecoin-finanzaufsicht-und-bundesbank-schalten-sich-ein/19780994-2.html

Quelle 5: finanzen.net GmbH – Link:
http://www.finanzen.net/devisen/bitcoin-euro-kurs

Quelle 6: Bitcoin – Wikipedia.org – Link:
https://de.wikipedia.org/wiki/Bitcoin

Quelle 7: Ethereum – Wikipedia.org – Link:
https://de.wikipedia.org/wiki/Ethereum

Quelle 8: Monero – Wikipedia.org – Link:
https://de.wikipedia.org/wiki/Monero

Quelle 9: Deloitte GmbH Wirtschaftsprüfungsgesellschaft – Link:
https://www2.deloitte.com/de/de/pages/strategy/articles/future-of-blockchain.html

Quelle 10: Handelsblatt GmbH – Link: http://www.handelsblatt.com/finanzen/anlagestrategie/fonds-etf/schwerer-kurseinbruch-sec-lehnt-bitcoin-fonds-ab/19503396.html

Quelle 11: t3n - yeebase media GmbH – Link: http://t3n.de/news/krypto-fonds-bitcoin-ether-830321/

Quelle 12: WeltN24 GmbH – Link: https://www.welt.de/finanzen/article164309456/Bundesbank-warnt-vor-Internet-Waehrung-Bitcoin.html

Quelle 13: Handelsblatt GmbH - Link: http://www.handelsblatt.com/finanzen/banken-versicherungen/commerzbank-chefvolkswirt-bitcoins-haben-auf-dauer-keine-chance/9118802.html

HAFTUNGSAUSSCHLUSS

Bei diesem Buch handelt es sich ausdrücklich um keine Finanz- oder Anlageberatung. Dieses Buch enthält Meinungen und Ideen des Autors und hat die Absicht, Menschen hilfreiches und informatives Wissen zu vermitteln. Die enthaltenen Strategien passen möglicherweise nicht zu jedem Leser, und es gibt keine Garantie dafür, dass sie auch wirklich bei jedem funktionieren. Die Benutzung dieses Buchs und die Umsetzung der darin enthaltenden Informationen erfolgt ausdrücklich auf eigenes Risiko. Das Werk, inklusive aller Inhalte, gewährt keine Garantie oder Gewähr für Aktualität, Korrektheit, Vollständigkeit und Qualität der bereitgestellten Informationen. Druckfehler und Fehlinformationen können nicht vollständig ausgeschlossen werden.

HAFTUNG FÜR EXTERNE LINKS

Unser Buch enthält Links zu externen Webseiten Dritter, auf deren Inhalte wir keinen Einfluss haben. Deshalb können wir für diese fremden Inhalte auch keine Gewähr übernehmen. Für die Inhalte der verlinkten Seiten ist stets der jeweilige Anbieter oder Betreiber der Seiten verantwortlich. Die verlinkten Seiten wurden zum Zeitpunkt der Verlinkung auf mögliche Rechtsverstöße überprüft. Rechtswidrige Inhalte waren zum Zeitpunkt der Verlinkung nicht erkennbar. Eine permanente inhaltliche Kontrolle der verlinkten Seiten ist jedoch ohne konkrete Anhaltspunkte einer Rechtsverletzung nicht zumutbar. Bei Bekanntwerden von Rechtsverletzungen werden wir derartige Links umgehend entfernen.

IMPRESSUM

Stefan Neuendorf wird vertreten durch:

Tom Schmidt
Barnkevitzer Weg 2a
18573 Altefähr

Covergestaltung und -konzept: lauria | fiverr.com
Coverbild: nils.ackermann.gmail.com | depositphotos.com

Jahr der Veröffentlichung: 2017

Verantwortlich für den Druck: Amazon Distribution GmbH, Leipzig

9547191R00034

Printed in Germany
by Amazon Distribution
GmbH, Leipzig